사랑하는 ＿＿＿＿＿＿님께

＿＿＿＿＿＿드림

시작한 날 ＿＿＿＿＿ . ＿＿ . ＿＿＿
마친 날 ＿＿＿＿＿ . ＿＿ . ＿＿＿

내 글씨 믿음고백 –자녀 축복 편

엮은이 | 편집부
초판 발행 | 2023. 6. 21.
등록번호 | 제1988-000080호
등록된 곳 | 서울특별시 용산구 서빙고로65길 38
발행처 | 사단법인 두란노서원
영업부 | 2078-3352   FAX | 080-749-3705
출판부 | 2078-3331

책값은 뒤표지에 있습니다.
ISBN 978-89-531-4512-2 04230
     978-89-531-4425-5 04230 (세트)

독자의 의견을 기다립니다.
tpress@duranno.com   www.duranno.com

디자인 | 윤보람
• 서체의 일부분은 칠곡할매글꼴을 사용하여 디자인했습니다.

자녀 축복 편

자녀에게 물려주는 축복의 말씀 100
Writing

내
글
씨
믿
음
고
백

두란노

목차

이 책 활용법

○ 사랑하는 자녀가 하나님이 약속하신
복을 마음에 새기고 삶에서 누리도록
기도하는 마음으로 '축복' 관련
성경 구절을 한 자 한 자
정성스럽게 써 보세요.

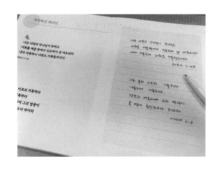

○ 매일 4구절씩 5주간에 쓰도록
구성했지만, 원하는 때에
자유롭게 쓰셔도 무방해요.
필사를 마치면 자녀에게 선물하여
축복의 유산으로 남겨 보세요.

○ 필사 후 소리 내어 읽으며
녹음해 보세요. 대대손손 물려줄
훌륭한 신앙 유산이 될 것입니다.
스마트폰의 녹음 기능을 이용하면
손쉽게 녹음할 수 있습니다.

○ 개인 혹은 소그룹으로 모여
성경 말씀을 가까이하고,
하나님과 친밀한 시간을 누리세요.
평생 드려 온 자녀를 위한
간구의 응답이 활자로
나타날 것입니다.

7

이 책을 엮으며

노년(老年)이란 힘과 기력은 약해질지 몰라도 삶의 깊이가 더해지는 시기입니다. 젊은 시절부터 지금껏 땀 흘려 수고해 온 인생의 소산을 거두는 뜻깊은 시기인 노년을 의미 있고 가치 있게 하는 데 성경 필사만큼 효과적인 것은 없다고 생각합니다.

이 책은 자녀를 사랑하고 축복하길 원하는 노년의 부모를 위한 필사 노트입니다. 부모가 자녀를 위해 구하는 믿음의 참된 복은 세상이 추구하는 복과 다릅니다. 이 책은 하나님의 자녀라는 정체성의 복, 하나님의 성품을 닮아 가는 복, 세상의 빛과 소금으로 살면서 열매 맺는 복, 고난 가운데 승리하는 복, 늘 주님과 동행하여 형통함을 누리는 복 등 크게 다섯 가지 축복으로 묶었습니다. 이에 각 축복에 해당하는 성경 말씀 100구절을 추려 보았습니다.

이 책을 곁에 두고, 날마다 하나님과 친밀한 시간을 가져 보십시오. 하나님이 약속하신 복이 자녀에게 임하기를 바라는 간절한 마음을 담아 '내 글씨'로 말씀을 따라 써 보십시오. 한 글자 한 글자 필사하는 동안 쓰는 이의 영혼이 먼저 풍요로워질 것입니다. 말씀을 읽고, 묵상하

고, 따라 쓰는 과정을 통해 매일의 양식을 온전히 먹을 수 있기 때문입니다. 그러면 문제에만 갇혀 있던 좁은 시야가 말씀을 통해 넓혀짐으로써 치유와 승리의 길로 나아갈 수 있습니다. 이로써 부모 자신뿐 아니라 자녀도 이기는 자가 되어 모든 언약의 축복을 누리게 될 것입니다.

기록하는 자는 복이 있습니다. 부모의 사랑이 자녀에게 영원히 기억되고 기념되는 것보다 더 큰 복이 어디 있겠습니까? 부모의 축복을 받은 자녀는 세상에 선하고 아름다운 영향력을 발휘할 것입니다. 험한 세상을 하나님의 도우심으로 힘차게 헤쳐 나가며, 믿음의 영광이 자자손손 이어 나가게 할 것입니다. 《내 글씨 믿음고백》은 자녀를 위한 최고의 유산입니다.

우리 가운데서 역사하시는 능력대로 우리가 구하거나 생각하는
모든 것에 더 넘치도록 능히 하실 이에게(엡 3:20).

　성경 쓰기 전 1분 기도

필사 전 1분 기도

사랑하는 하나님 아버지

저를 향하신 놀라운 사랑과 은혜에 감사합니다.

제가 이 시간 말씀을 읽고 쓰고 마음에 새기려 합니다.

말씀 되신 예수님! 저를 만나 주옵소서.

진리의 성령님! 제 마음의 눈과 귀를 열어 주십시오.

자녀를 축복하며 말씀을 한 자 한 자 써 내려갈 때에

제가 먼저 그 말씀에 아멘 하게 하시고

말씀 속에 담긴 하나님의 마음과 뜻에 순종하여

열매 맺게 하옵소서.

예수님의 이름으로 기도합니다.

아멘!

우리의 모든 행동을
주님이 기뻐하시는 것은 아니지만,
그분의 자녀인 우리는 늘 기뻐하신다.

- 게리 채프먼

1

너는 소중한 사람이란다

복 있는 사람

● 필사 후 소리 내어 읽으며 녹음해 보세요.

여호와는 네게 복을 주시고

너를 지키시기를 원하며

여호와는 그의 얼굴을 네게 비추사

은혜 베푸시기를 원하며

여호와는 그 얼굴을 네게로 향하여 드사

평강 주시기를 원하노라 할지니라 하라

민수기 6:24-26

여호와께서 주시는 복은

사람을 부하게 하고

근심을 겸하여 주지 아니하시느니라

잠언 10:22

복 있는 사람

여호와가 너를 항상 인도하여

메마른 곳에서도 네 영혼을 만족하게 하며

네 뼈를 견고하게 하리니

너는 물 댄 동산 같겠고

물이 끊어지지 아니하는 샘 같을 것이라

이사야 58:11

주께서 택하시고 가까이 오게 하사

주의 뜰에 살게 하신 사람은 복이 있나이다

우리가 주의 집 곧 주의 성전의

아름다움으로 만족하리이다

시편 65:4

거룩한 제사장

그러나 너희는 택하신 족속이요

왕 같은 제사장들이요

거룩한 나라요 그의 소유가 된 백성이니

이는 너희를 어두운 데서 불러내어

그의 기이한 빛에 들어가게 하신 이의

아름다운 덕을 선포하게 하려 하심이라

베드로전서 2:9

너희는 거룩하신 자에게서 기름 부음을 받고

모든 것을 아느니라

요한일서 2:20

거룩한 제사장

너희도 산 돌같이 신령한 집으로 세워지고
예수 그리스도로 말미암아
하나님이 기쁘게 받으실 신령한 제사를
드릴 거룩한 제사장이 될지니라

베드로전서 2:5

너는 무릇 마음에 지혜 있는 모든 자 곧
내가 지혜로운 영으로 채운 자들에게 말하여
아론의 옷을 지어 그를 거룩하게 하여
내게 제사장 직분을 행하게 하라

출애굽기 28:3

하나님의 자녀

이스라엘아 너를 지으신 이가 말씀하시느니라
너는 두려워하지 말라 내가 너를 구속하였고
내가 너를 지명하여 불렀나니 너는 내 것이라

이사야 43:1하

우리는 그가 만드신 바라
그리스도 예수 안에서 선한 일을 위하여
지으심을 받은 자니 이 일은 하나님이
전에 예비하사 우리로 그 가운데서
행하게 하려 하심이니라

에베소서 2:10

하나님의 자녀

영접하는 자 곧 그 이름을 믿는 자들에게는
하나님의 자녀가 되는 권세를 주셨으니

요한복음 1:12

율법 아래에 있는 자들을 속량하시고
우리로 아들의 명분을 얻게 하려 하심이라
너희가 아들이므로 하나님이
그 아들의 영을 우리 마음 가운데 보내사
아빠 아버지라 부르게 하셨느니라

갈라디아서 4:5-6

그리스도 안에서

●

우리는 그리스도 안에서

그의 은혜의 풍성함을 따라

그의 피로 말미암아

속량 곧 죄 사함을 받았느니라

에베소서 1:7

●

우리는 하나님의 동역자들이요

너희는 하나님의 밭이요

하나님의 집이니라

고린도전서 3:9

그리스도 안에서

●

너희는 너희가 하나님의 성전인 것과

하나님의 성령이

너희 안에 계시는 것을 알지 못하느냐

고린도전서 3:16

●

찬송하리로다 하나님 곧 우리 주

예수 그리스도의 아버지께서

그리스도 안에서 하늘에 속한

모든 신령한 복을 우리에게 주시되

에베소서 1:3

하나님의 백성

너희가 전에는 백성이 아니더니

이제는 하나님의 백성이요

전에는 긍휼을 얻지 못하였더니

이제는 긍휼을 얻은 자니라

베드로전서 2:10

우리는 주의 백성이요 주의 목장의 양이니

우리는 영원히 주께 감사하며

주의 영예를 대대에 전하리이다

시편 79:13

하나님의 백성

그런즉 내가 이스라엘 가운데에 있어

너희 하나님 여호와가 되고

다른 이가 없는 줄을 너희가 알 것이라

내 백성이 영원히 수치를 당하지 아니하리로다

요엘 2:27

네 백성이 다 의롭게 되어

영원히 땅을 차지하리니

그들은 내가 심은 가지요

내가 손으로 만든 것으로서

나의 영광을 나타낼 것인즉

이사야 60:21

성경 인물이 드린 기도

야곱의 기도

요셉은 무성한 가지 곧 샘 곁의 무성한 가지라

그 가지가 담을 넘었도다

네 아버지의 하나님께로 말미암나니

그가 너를 도우실 것이요 전능자로 말미암나니

그가 네게 복을 주실 것이라

위로 하늘의 복과 아래로 깊은 샘의 복과

젖먹이는 복과 태의 복이리로다

네 아버지의 축복이 내 선조의 축복보다 나아서

영원한 산이 한없음 같이 이 축복이

요셉의 머리로 돌아오며

그 형제 중 뛰어난 자의 정수리로 돌아오리로다

창세기 49:22, 25-26

내게 가장 유익한 방법은 단순히 하나님께 집중하는 것입니다. 젖먹이가 어머니의 젖가슴을 좋아하는 것보다 더 행복하고 기쁘게, 나 자신과 떼려야 뗄 수 없는 관계에 있는 하나님께 열정적인 관심을 갖고 집중하는 것입니다. 감히 이런 표현을 써도 될지 모르겠지만, 나는 그 감정이 너무나 강해 그 상태를 하나님의 젖가슴이라고 부르고 싶습니다. 그것은 내가 그 상태에서 맛보고 경험하는 것이 표현할 수 없는 행복이기 때문입니다.

-로렌스 형제, 《하나님의 임재 연습》

그의 날에 의인이 흥왕하여
평강의 풍성함이 달이 다할 때까지 이르리로다

- **시편 72:7**

자신의 선택이
하나님 뜻에 전적으로 합하도록
일치시키려 하는 것이 지혜로운 태도다.

- 잔느 귀용

2

하나님의 성품을 닮아 가렴

사랑

• 필사 후 소리 내어 읽으며 녹음해 보세요.

사랑하는 자들아 우리가 서로 사랑하자

사랑은 하나님께 속한 것이니

사랑하는 자마다

하나님으로부터 나서 하나님을 알고

요한일서 4:7

이 세상이나 세상에 있는 것들을

사랑하지 말라 누구든지 세상을 사랑하면

아버지의 사랑이 그 안에 있지 아니하니

요한일서 2:15

사랑

나의 계명을 지키는 자라야
나를 사랑하는 자니 나를 사랑하는 자는
내 아버지께 사랑을 받을 것이요
나도 그를 사랑하여 그에게 나를 나타내리라

요한복음 14:21

피차 사랑의 빚 외에는 아무에게든지
아무 빚도 지지 말라
남을 사랑하는 자는
율법을 다 이루었느니라

로마서 13:8

하나님의 성품을 닮아 가렴

감사

내가 주께 감사하옴은

나를 지으심이 심히 기묘하심이라

주께서 하시는 일이 기이함을

내 영혼이 잘 아나이다

시편 139:14

형제들아 우리가 너희를 위하여

항상 하나님께 감사할지니 이것이 당연함은

너희의 믿음이 더욱 자라고

너희가 다 각기 서로 사랑함이 풍성함이니

데살로니가후서 1:3

감사

그 안에 뿌리를 박으며 세움을 받아

교훈을 받은 대로 믿음에 굳게 서서

감사함을 넘치게 하라

골로새서 2:7

그리스도의 말씀이

너희 속에 풍성히 거하여

모든 지혜로 피차 가르치며 권면하고

시와 찬송과 신령한 노래를 부르며

감사하는 마음으로 하나님을 찬양하고

골로새서 3:16

인내와 용서

인내를 온전히 이루라

이는 너희로 온전하고 구비하여

조금도 부족함이 없게 하려 함이라

야고보서 1:4

너희가 부르심을 받은 일에 합당하게 행하여

모든 겸손과 온유로 하고 오래 참음으로

사랑 가운데서 서로 용납하고

에베소서 4:1하—2

인내와 용서

노하기를 더디하는 자는 용사보다 낫고

자기의 마음을 다스리는 자는

성을 빼앗는 자보다 나으니라

잠언 16:32

서로 친절하게 하며 불쌍히 여기며

서로 용서하기를 하나님이

그리스도 안에서

너희를 용서하심과 같이 하라

에베소서 4:32

하나님의 성품을 닮아 가렴

분별과 경건

●

너희로 지극히 선한 것을 분별하며

또 진실하여 허물 없이

그리스도의 날까지 이르고

빌립보서 1:10

●

너희는 이 세대를 본받지 말고

오직 마음을 새롭게 함으로 변화를 받아

하나님의 선하시고 기뻐하시고

온전하신 뜻이 무엇인지 분별하도록 하라

로마서 12:2

분별과 경건

●

하나님 아버지 앞에서
정결하고 더러움이 없는 경건은
곧 고아와 과부를 그 환난 중에 돌보고
또 자기를 지켜
세속에 물들지 아니하는 그것이니라

야고보서 1:27

●

오직 너 하나님의 사람아
이것들을 피하고
의와 경건과 믿음과 사랑과
인내와 온유를 따르며

디모데전서 6:11

정직과 자기 성찰

의인을 위하여 빛을 뿌리고

마음이 정직한 자를 위하여

기쁨을 뿌리시는도다

시편 97:11

여호와 하나님은 해요 방패이시라

여호와께서 은혜와 영화를 주시며

정직하게 행하는 자에게

좋은 것을 아끼지 아니하실 것임이니이다

시편 84:11

정직과 자기 성찰

너희는 스스로 조심하라

그렇지 않으면 방탕함과 술 취함과

생활의 염려로 마음이 둔하여지고

뜻밖에 그날이 덫과 같이 너희에게 임하리라

누가복음 21:34

너희는 믿음 안에 있는가

너희 자신을 시험하고 너희 자신을 확증하라

예수 그리스도께서 너희 안에 계신 줄을

너희가 스스로 알지 못하느냐

그렇지 않으면 너희는 버림 받은 자니라

고린도후서 13:5

성경 인물이 드린 기도

한나의 기도

여호와와 같이 거룩하신 이가 없으시니
이는 주 밖에 다른 이가 없고
우리 하나님 같은 반석도 없으심이니이다
심히 교만한 말을 다시 하지 말 것이며
오만한 말을 너희의 입에서 내지 말지어다
여호와는 지식의 하나님이시라
행동을 달아 보시느니라
그가 그의 거룩한 자들의 발을 지키실 것이요
악인들을 흑암 중에서 잠잠하게 하시리니
힘으로는 이길 사람이 없음이로다

사무엘상 2:2-3, 9

고전 산책

우리는 사랑이 하나님의 가장 고귀한 은사라는 사실을 언제나 기억해야만 한다. 우리가 받은 모든 계시와 은사는 사랑과 비교해 볼 때 극히 작은 것에 불과하다. 신앙에 있어서 사랑보다 더 고귀한 것은 아무것도 없다. 만일 우리가 사랑 이외의 어떤 다른 것을 찾으면, 실로 얼토당토않은 일이 되고 만다. 지금 이 순간 이후로 계속해서 고린도전서 13장에 묘사된 사랑 이외의 것에 뜻을 두지 않겠다고 다짐하라. 그것보다 더 고귀한 것은 있을 수 없다.

-존 웨슬리,《그리스도인의 완전함》

평안을 너희에게 끼치노니 곧 나의 평안을 너희에게 주노라
내가 너희에게 주는 것은 세상이 주는 것과 같지 아니하니라
너희는 마음에 근심하지도 말고 두려워하지도 말라

- 요한복음 14:27

하나님 사랑을 받아 누리고 충만해지면
다른 사람을 향한 우리 사랑은
더욱 진실해지고 깊어진다.

– 오스왈드 챔버스

3

세상의 빛과 소금이 되렴

말씀

너는 진리의 말씀을 옳게 분별하며

부끄러울 것이 없는 일꾼으로

인정된 자로 자신을 하나님 앞에

드리기를 힘쓰라

디모데후서 2:15

평생에 자기 옆에 두고 읽어

그의 하나님 여호와 경외하기를 배우며

이 율법의 모든 말과

이 규례를 지켜 행할 것이라

신명기 17:19

말씀

너희가 진리를 순종함으로

너희 영혼을 깨끗하게 하여

거짓이 없이 형제를 사랑하기에 이르렀으니

마음으로 뜨겁게 서로 사랑하라

베드로전서 1:22

여호와의 율법은 완전하여

영혼을 소성시키며

여호와의 증거는 확실하여

우둔한 자를 지혜롭게 하며

시편 19:7

기도

항상 기뻐하라 쉬지 말고 기도하라

범사에 감사하라

이것이 그리스도 예수 안에서

너희를 향하신 하나님의 뜻이니라

데살로니가전서 5:16-18

무엇이든지 구하는 바를 그에게서 받나니

이는 우리가 그의 계명을 지키고

그 앞에서 기뻐하시는 것을 행함이라

요한일서 3:22

기도

내가 간구하는 날에

주께서 응답하시고 내 영혼에 힘을 주어

나를 강하게 하셨나이다

시편 138:3

내 이름으로 일컫는 내 백성이

그들의 악한 길에서 떠나

스스로 낮추고 기도하여

내 얼굴을 찾으면

내가 하늘에서 듣고

그들의 죄를 사하고

그들의 땅을 고칠지라

역대하 7:14

성령

내가 이르노니
너희는 성령을 따라 행하라
그리하면 육체의 욕심을
이루지 아니하리라

갈라디아서 5:16

보혜사 곧 아버지께서
내 이름으로 보내실 성령
그가 너희에게 모든 것을 가르치고
내가 너희에게 말한 모든 것을
생각나게 하리라

요한복음 14:26

성령

또 내 영을 너희 속에 두어

너희로 내 율례를 행하게 하리니

너희가 내 규례를 지켜 행할지라

에스겔 36:27

오직 성령의 열매는

사랑과 희락과 화평과

오래 참음과 자비와 양선과

충성과 온유와 절제니

이 같은 것을 금지할 법이 없느니라

갈라디아서 5:22-23

열매와 영향력

●

너희가 전에는 어둠이더니

이제는 주 안에서 빛이라

빛의 자녀들처럼 행하라

빛의 열매는 모든 착함과

의로움과 진실함에 있느니라

에베소서 5:8-9

●

주께 합당하게 행하여

범사에 기쁘시게 하고

모든 선한 일에 열매를 맺게 하시며

하나님을 아는 것에 자라게 하시고

골로새서 1:10

열매와 영향력

●

너희는 세상의 빛이라

이같이 너희 빛이 사람 앞에 비치게 하여

그들로 너희 착한 행실을 보고

하늘에 계신 너희 아버지께 영광을 돌리게 하라

마태복음 5:14상, 16

●

이는 너희가 흠이 없고 순전하여

어그러지고 거스르는 세대 가운데서

하나님의 흠 없는 자녀로

세상에서 그들 가운데 빛들로 나타내며

빌립보서 2:15

제자됨

이에 예수께서 제자들에게 이르시되

누구든지 나를 따라오려거든

자기를 부인하고 자기 십자가를 지고

나를 따를 것이니라

마태복음 16:24

내 양은 내 음성을 들으며

나는 그들을 알며

그들은 나를 따르느니라

요한복음 10:27

제자됨

나는 포도나무요 너희는 가지라
그가 내 안에, 내가 그 안에 거하면
사람이 열매를 많이 맺나니
나를 떠나서는 너희가 아무것도 할 수 없음이라

요한복음 15:5

너희가 내 말에 거하면
참으로 내 제자가 되고
진리를 알지니
진리가 너희를 자유롭게 하리라

요한복음 8:31하-32

성경 인물이 드린 기도

이삭의 기도

내 아들의 향취는

여호와께서 복 주신 밭의 향취로다

하나님은 하늘의 이슬과 땅의 기름짐이며

풍성한 곡식과 포도주를

네게 주시기를 원하노라

만민이 너를 섬기고 열국이 네게 굴복하리니

네가 형제들의 주가 되고

네 어머니의 아들들이 네게 굴복하며

너를 저주하는 자는 저주를 받고

너를 축복하는 자는 복을 받기를 원하노라

창세기 27:27하-29

고전 산책

내주해 계신 빛, 곧 그리스도께서는 단순한 교리가 아니며 모든 그리스도인을 위한 살아 있는 준거의 중심이다. 실천은 이론이나 교리가 아닌 신앙으로 먼저 나타난다. 그리고 그리스도인의 실천은 외적인 행위로 소진되지 않는다. 그것들은 뿌리가 아니라 열매인 것이다. 실천하는 그리스도인은 무엇보다도 그 영혼이 마음의 성소로 끊임없이 돌아가도록 실천하는 사람이 되어야 하며, 세상을 그 빛 가운데로 가져와서 그것을 재평가할 뿐만 아니라, 온갖 소란과 변덕으로 죽 끓듯 하는 세상 속에 그 빛을 가져와 그것을 재창조하는 사람이 되어야 한다.

-토머스 켈리, 《거룩한 순종》

존귀와 위엄이 그의 앞에 있으며
능력과 즐거움이 그의 처소에 있도다

- 역대상 16:27

최악의 고통과 불운을 만난 사람에게
주님은 낙심하지 않을 이유가 되어 주신다.

- 조지 포먼

4

힘든 현실에서
두려워하는 너에게

평안

● 필사 후 소리 내어 읽으며 녹음해 보세요.

여호와의 말씀이니라

너희를 향한 나의 생각을 내가 아나니

평안이요 재앙이 아니니라

너희에게 미래와 희망을 주는 것이니라

예레미야 29:11

여호와여 주께서 우리를 위하여

평강을 베푸시오리니

주께서 우리의 모든 일도

우리를 위하여 이루심이니이다

이사야 26:12

평안

평강의 주께서 친히 때마다 일마다
너희에게 평강을 주시고
주께서 너희 모든 사람과
함께하시기를 원하노라

데살로니가후서 3:16

여호와께서 자기 백성에게
힘을 주심이여
여호와께서 자기 백성에게
평강의 복을 주시리로다

시편 29:11

담대함과 소망

두려워하지 말라 내가 너와 함께함이라

놀라지 말라 나는 네 하나님이 됨이라

내가 너를 굳세게 하리라

참으로 너를 도와주리라

참으로 나의 의로운 오른손으로 너를 붙들리라

이사야 41:10

몸은 죽여도 영혼은 능히

죽이지 못하는 자들을 두려워하지 말고

오직 몸과 영혼을 능히

지옥에 멸하실 수 있는 이를 두려워하라

마태복음 10:28

담대함과 소망

우리가 사방으로 욱여쌈을 당하여도
싸이지 아니하며 답답한 일을 당하여도
낙심하지 아니하며

고린도후서 4:8

내 영혼아 네가 어찌하여 낙심하며
어찌하여 내 속에서 불안해하는가
너는 하나님께 소망을 두라
그가 나타나 도우심으로 말미암아
내가 여전히 찬송하리로다

시편 42:5

인도와 보호

●

내가 고통 중에 여호와께 부르짖었더니
여호와께서 응답하시고
나를 넓은 곳에 세우셨도다

시편 118:5

●

내가 새벽 날개를 치며
바다 끝에 가서 거주할지라도
거기서도 주의 손이 나를 인도하시며
주의 오른손이 나를 붙드시리이다

시편 139:9-10

인도와 보호

내가 환난 중에 다닐지라도

주께서 나를 살아나게 하시고

주의 손을 펴사 내 원수들의 분노를 막으시며

주의 오른손이 나를 구원하시리이다

시편 138:7

내가 그들에게 영생을 주노니

영원히 멸망하지 아니할 것이요

또 그들을 내 손에서

빼앗을 자가 없느니라

요한복음 10:28

고난의 유익

고난당한 것이 내게 유익이라

이로 말미암아 내가

주의 율례들을 배우게 되었나이다

시편 119:71

내가 헐벗은 산에 강을 내며

골짜기 가운데에 샘이 나게 하며

광야가 못이 되게 하며

마른 땅이 샘 근원이 되게 할 것이며

이사야 41:18

고난의 유익

●

우리가 잠시 받는 환난의 경한 것이
지극히 크고 영원한 영광의 중한 것을
우리에게 이루게 함이니

고린도후서 4:17

●

도가니는 은을,
풀무는 금을 연단하거니와
여호와는 마음을 연단하시느니라

잠언 17:3

승리

오직 여호와를 앙망하는 자는 새 힘을 얻으리니
독수리가 날개 치며 올라감 같을 것이요
달음박질하여도 곤비하지 아니하겠고
걸어가도 피곤하지 아니하리로다

이사야 40:31

다시는 네 해가 지지 아니하며
네 달이 물러가지 아니할 것은
여호와가 네 영원한 빛이 되고
네 슬픔의 날이 끝날 것임이라

이사야 60:20

승리

너희가 젖을 빠는 것같이

그 위로하는 품에서 만족하겠고

젖을 넉넉히 빤 것같이 그 영광의 풍성함으로

말미암아 즐거워하리라

이사야 66:11

우리 주 예수 그리스도로 말미암아

우리에게 승리를 주시는 하나님께 감사하노니

그러므로 내 사랑하는 형제들아

견실하며 흔들리지 말고

항상 주의 일에 더욱 힘쓰는 자들이 되라

고린도전서 15:57-58상

성경 인물이 드린 기도

다윗의 기도

여호와는 나의 반석이시요

나의 요새시요

나를 위하여 나를 건지시는 자시요

내가 피할 나의 반석의 하나님이시요

나의 방패시요 나의 구원의 뿔이시요

나의 높은 망대시요

그에게 피할 나의 피난처시요

나의 구원자시라

나를 폭력에서 구원하셨도다

내가 찬송 받으실 여호와께 아뢰리니

내 원수들에게서 구원을 받으리로다

사무엘하 22:2-4

고전 산책

성경이 우리에게 개인적이고 이기적인 모든 욕심을 버리라고 할 때에는 우리 마음속에서 부에 대한 욕망과 권력에 대한 욕구 및 다른 사람들의 호의까지도 배제시킬 뿐 아니라 잘못된 야망과 인간적인 영광의 갈구 및 다른 은밀한 죄악까지도 추방하는 것이다. 참으로 그리스도인들 삶의 순간순간을 하나님과 함께 생각하고 판단해야만 한다는 사실을 반드시 염두에 두지 않으면 안 된다.

-존 칼빈, 《참된 그리스도인의 삶》

여호와는 나의 목자시니
내게 부족함이 없으리로다
그가 나를 푸른 풀밭에 누이시며
쉴 만한 물가로 인도하시는도다

시편 23:1-2

컬러링

• 좋아하는 색으로 그림을 칠해 보세요.

하나님이 주시는 승리와 번영을 얻는 길은
그분께로 얼마나 가까이 다가가느냐에 달려 있다.

- 피트 그리그

5

늘 주님과 동행하는
복을 누리렴

때를 따라 도우시는 은혜

● 필사 후 소리 내어 읽으며 녹음해 보세요.

그러므로 우리는 긍휼하심을 받고

때를 따라 돕는 은혜를 얻기 위하여

은혜의 보좌 앞에 담대히 나아갈 것이니라

히브리서 4:16

사랑하는 자여 네 영혼이 잘됨 같이

네가 범사에 잘되고

강건하기를 내가 간구하노라

요한삼서 1:2

때를 따라 도우시는 은혜

내 의의 하나님이여 내가 부를 때에 응답하소서
곤란 중에 나를 너그럽게 하셨사오니
내게 은혜를 베푸사 나의 기도를 들으소서

시편 4:1

여호와께서 너희의 땅에 이른 비,
늦은 비를 적당한 때에 내리시리니
너희가 곡식과 포도주와 기름을 얻을 것이요

신명기 11:14

늘 주님과 동행하는 복을 누리렴

지혜

우리 주 예수 그리스도의 하나님,
영광의 아버지께서 지혜와 계시의 영을
너희에게 주사 하나님을 알게 하시고

에베소서 1:17

대저 여호와는 지혜를 주시며
지식과 명철을 그 입에서 내심이며

잠언 2:6

지혜

내가 너희의 모든 대적이 능히 대항하거나
변박할 수 없는 구변과 지혜를 너희에게 주리라

누가복음 21:15

지혜가 너를 선한 자의 길로 행하게 하며
또 의인의 길을 지키게 하리니

잠언 2:20

늘 주님과 동행하는 복을 누리렴

형통

그는 시냇가에 심은 나무가

철을 따라 열매를 맺으며

그 잎사귀가 마르지 아니함 같으니

그가 하는 모든 일이 다 형통하리로다

시편 1:3

예루살렘을 위하여 평안을 구하라

예루살렘을 사랑하는 자는 형통하리로다

시편 122:6

늘 주님과 동행하는 복을 누리렴

형통

이 율법책을 네 입에서 떠나지 말게 하며

주야로 그것을 묵상하여

그 안에 기록된 대로 다 지켜 행하라

그리하면 네 길이 평탄하게 될 것이며

네가 형통하리라

여호수아 1:8

네가 네 손이 수고한 대로 먹을 것이라

네가 복되고 형통하리로다

시편 128:2

늘 주님과 동행하는 복을 누리렴

풍성과 번성

나의 하나님이 그리스도 예수 안에서

영광 가운데 그 풍성한 대로

너희 모든 쓸 것을 채우시리라

빌립보서 4:19

곧 너를 사랑하시고 복을 주사

너를 번성하게 하시되 네게 주리라고

네 조상들에게 맹세하신 땅에서

네 소생에게 은혜를 베푸시며

네 토지 소산과 곡식과

포도주와 기름을 풍성하게 하시고

네 소와 양을 번식하게 하시리니

신명기 7:13

늘 주님과 동행하는 복을 누리렴

풍성과 번성

●

온갖 좋은 은사와 온전한 선물이
다 위로부터 빛들의 아버지께로부터
내려오나니 그는 변함도 없으시고
회전하는 그림자도 없으시니라

야고보서 1:17

●

하나님은 하늘의 이슬과 땅의 기름짐이며
풍성한 곡식과 포도주를
네게 주시기를 원하노라

창세기 27:28

늘 주님과 동행하는 복을 누리렴

하나님과 동행

내가 여호와를 항상 내 앞에 모심이여
그가 나의 오른쪽에 계시므로
내가 흔들리지 아니하리로다

시편 16:8

내가 여호와께 바라는 한 가지 일
그것을 구하리니 곧
내가 내 평생에 여호와의 집에 살면서
여호와의 아름다움을 바라보며
그의 성전에서 사모하는 그것이라

시편 27:4

늘 주님과 동행하는 복을 누리렴

하나님과 동행

여호와여 내가 주께서 계신 집과
주의 영광이 머무는 곳을 사랑하오니

시편 26:8

내가 붙드는 나의 종,
내 마음에 기뻐하는 자 곧
내가 택한 사람을 보라
내가 나의 영을 그에게 주었은즉
그가 이방에 정의를 베풀리라

이사야 42:1

성경 인물이 드린 기도

야베스의 기도

야베스가 이스라엘 하나님께 아뢰어 이르되

주께서 내게 복을 주시려거든

나의 지역을 넓히시고

주의 손으로 나를 도우사

나로 환난을 벗어나

내게 근심이 없게 하옵소서 하였더니

하나님이 그가 구하는 것을 허락하셨더라

역대상 4:10

고전 산책

우리가 믿음 안에서 새로운 통찰력을 발견하게 되면, 그 즉시 마치 보물을 찾은 구두쇠처럼 기뻐서 어쩔 줄을 모르게 된다. 진정한 그리스도인은 하나님의 섭리로 인해 자기에게 어떤 불행이 닥친다 해도 하나님께서 자기에게 주시는 것은 무엇이든지 받고, 자기에게 없는 것은 그 어떤 것도 원하지 않는다. 우리는 하나님을 사랑하면 할수록 더욱더 만족하게 된다. 최고의 완전함은 우리에게 과도한 짐을 지우는 것이 아니라, 오히려 우리의 멍에를 더 가볍게 한다.

-프랑소아 페넬롱, 《그리스도인의 완전》

의인은 종려나무같이 번성하며
레바논의 백향목같이 성장하리로다
이는 여호와의 집에 심겼음이여
우리 하나님의 뜰 안에서 번성하리로다

시편 92:12-13

컬러링

• 좋아하는 색으로 그림을 칠해 보세요.

오직 사랑 안에서 참된 것을 하여
범사에 그에게까지 자랄지라
그는 머리니 곧 그리스도라

- 에베소서 4:15